2/03

D1366051

$\overset{\pm}{S}$

Rosa Sardà   Rosa M. Curto

I Like Acting Grown Up
Me gusta hacer como los mayores

English text by Bernice Randall

LECTORUM
PUBLICATIONS, INC.

Mommy talks on the telephone.

Mami habla por teléfono.

I like talking on the telephone like Mommy.

Me gusta hablar por teléfono como mami.

Daddy drives a car.

Papi conduce un auto.

I like driving a car like Daddy.

Me gusta conducir como papi.

My aunt wears boots.

Mi tía se pone botas.

I like wearing my aunt's boots.

Me gusta ponerme las botas de mi tía.

Ms. Carter is my teacher.

La señorita Carter es mi maestra.

I like playing teacher.

Me gusta hacer de maestra.

"Honey, pick up your toys," Daddy says.

–Hija, recoge tus juguetes –dice papi.

Telephones, cars, boots, toys...

El teléfono, el auto, las botas, los juguetes…

It's not easy acting grown up!

¡No es fácil imitar a los mayores!

22

I LIKE ACTING GROWN UP
ME GUSTA HACER COMO LOS MAYORES

Bilingual Edition

ISBN 1-930332-33-5
D.L. M-13990-2002
Printed in Spain

10 9 8 7 6 5 4 3 2 1